This book belongs to:

_____

Guest Name & Relationship To Parents

_____

_____

Special Message To Parents

_____

_____

_____

_____

Special Message To Baby

_____

_____

_____

_____

Guest Name & Relationship To Parents

_____

_____

Special Message To Parents

_____

_____

_____

_____

Special Message To Baby

_____

_____

_____

_____

_____

Guest Name & Relationship To Parents

_____

_____

Special Message To Parents

_____

_____

_____

_____

Special Message To Baby

_____

_____

_____

_____

Guest Name & Relationship To Parents

_____

_____

Special Message To Parents

_____

_____

_____

_____

Special Message To Baby

_____

_____

_____

_____

Guest Name & Relationship To Parents

_____

_____

Special Message To Parents

_____

_____

_____

_____

Special Message To Baby

_____

_____

_____

_____

Guest Name & Relationship To Parents

_____

_____

Special Message To Parents

_____

_____

_____

_____

Special Message To Baby

_____

_____

_____

_____

Guest Name & Relationship To Parents

_____

_____

Special Message To Parents

_____

_____

_____

_____

Special Message To Baby

_____

_____

_____

_____

Guest Name & Relationship To Parents

_____

_____

Special Message To Parents

_____

_____

_____

_____

Special Message To Baby

_____

_____

_____

_____

_____

Guest Name & Relationship To Parents

_____

_____

Special Message To Parents

_____

_____

_____

_____

Special Message To Baby

_____

_____

_____

_____

Guest Name & Relationship To Parents

_____

_____

Special Message To Parents

_____

_____

_____

_____

Special Message To Baby

_____

_____

_____

_____

Guest Name & Relationship To Parents

_____

_____

Special Message To Parents

_____

_____

_____

_____

Special Message To Baby

_____

_____

_____

_____

Guest Name & Relationship To Parents

_____

_____

Special Message To Parents

_____

_____

_____

_____

Special Message To Baby

_____

_____

_____

_____

Guest Name & Relationship To Parents

_____

_____

Special Message To Parents

_____

_____

_____

_____

Special Message To Baby

_____

_____

_____

_____

Guest Name & Relationship To Parents

_____

_____

Special Message To Parents

_____

_____

_____

_____

Special Message To Baby

_____

_____

_____

_____

Guest Name & Relationship To Parents

_____

_____

Special Message To Parents

_____

_____

_____

_____

Special Message To Baby

_____

_____

_____

_____

Guest Name & Relationship To Parents

_____

_____

Special Message To Parents

_____

_____

_____

_____

_____

Special Message To Baby

_____

_____

_____

_____

_____

Guest Name & Relationship To Parents

_____

_____

Special Message To Parents

_____

_____

_____

_____

Special Message To Baby

_____

_____

_____

_____

Guest Name & Relationship To Parents

_____

_____

Special Message To Parents

_____

_____

_____

_____

Special Message To Baby

_____

_____

_____

_____

_____

Guest Name & Relationship To Parents

_____

_____

Special Message To Parents

_____

_____

_____

_____

Special Message To Baby

_____

_____

_____

_____

Guest Name & Relationship To Parents

_____

_____

Special Message To Parents

_____

_____

_____

_____

Special Message To Baby

_____

_____

_____

_____

Guest Name & Relationship To Parents

_____

_____

Special Message To Parents

_____

_____

_____

_____

Special Message To Baby

_____

_____

_____

_____

Guest Name & Relationship To Parents

_____

_____

Special Message To Parents

_____

_____

_____

_____

Special Message To Baby

_____

_____

_____

_____

Guest Name & Relationship To Parents

_____

_____

Special Message To Parents

_____

_____

_____

_____

Special Message To Baby

_____

_____

_____

_____

Guest Name & Relationship To Parents

_____

_____

Special Message To Parents

_____

_____

_____

_____

Special Message To Baby

_____

_____

_____

_____

Guest Name & Relationship To Parents

_____

_____

Special Message To Parents

_____

_____

_____

_____

Special Message To Baby

_____

_____

_____

_____

Guest Name & Relationship To Parents

_____

_____

Special Message To Parents

_____

_____

_____

_____

Special Message To Baby

_____

_____

_____

_____

Guest Name & Relationship To Parents

_____

_____

Special Message To Parents

_____

_____

_____

_____

Special Message To Baby

_____

_____

_____

_____

Guest Name & Relationship To Parents

_____

_____

Special Message To Parents

_____

_____

_____

_____

Special Message To Baby

_____

_____

_____

_____

_____

Guest Name & Relationship To Parents

_____

_____

Special Message To Parents

_____

_____

_____

_____

Special Message To Baby

_____

_____

_____

_____

Guest Name & Relationship To Parents

_____

_____

Special Message To Parents

_____

_____

_____

_____

Special Message To Baby

_____

_____

_____

_____

Guest Name & Relationship To Parents

_____

_____

Special Message To Parents

_____

_____

_____

_____

Special Message To Baby

_____

_____

_____

_____

Guest Name & Relationship To Parents

_____

_____

Special Message To Parents

_____

_____

_____

_____

_____

Special Message To Baby

_____

_____

_____

_____

_____

Guest Name & Relationship To Parents

_____

_____

Special Message To Parents

_____

_____

_____

_____

Special Message To Baby

_____

_____

_____

_____

Guest Name & Relationship To Parents

_____

_____

Special Message To Parents

_____

_____

_____

_____

Special Message To Baby

_____

_____

_____

_____

Guest Name & Relationship To Parents

_____

_____

Special Message To Parents

_____

_____

_____

_____

Special Message To Baby

_____

_____

_____

_____

Guest Name & Relationship To Parents

_____

_____

Special Message To Parents

_____

_____

_____

_____

Special Message To Baby

_____

_____

_____

_____

_____

Guest Name & Relationship To Parents

_____

_____

Special Message To Parents

_____

_____

_____

_____

Special Message To Baby

_____

_____

_____

_____

Guest Name & Relationship To Parents

_____

_____

Special Message To Parents

_____

_____

_____

_____

_____

Special Message To Baby

_____

_____

_____

_____

_____

Guest Name & Relationship To Parents

_____

_____

Special Message To Parents

_____

_____

_____

_____

Special Message To Baby

_____

_____

_____

_____

Guest Name & Relationship To Parents

_____

_____

Special Message To Parents

_____

_____

_____

_____

Special Message To Baby

_____

_____

_____

_____

Guest Name & Relationship To Parents

_____

_____

Special Message To Parents

_____

_____

_____

_____

Special Message To Baby

_____

_____

_____

_____

Guest Name & Relationship To Parents

_____

_____

Special Message To Parents

_____

_____

_____

_____

Special Message To Baby

_____

_____

_____

_____

Guest Name & Relationship To Parents

_____

_____

Special Message To Parents

_____

_____

_____

_____

Special Message To Baby

_____

_____

_____

_____

Guest Name & Relationship To Parents

_____

_____

Special Message To Parents

_____

_____

_____

_____

Special Message To Baby

_____

_____

_____

_____

Guest Name & Relationship To Parents

_____

_____

Special Message To Parents

_____

_____

_____

_____

Special Message To Baby

_____

_____

_____

_____

Guest Name & Relationship To Parents

_____

_____

Special Message To Parents

_____

_____

_____

_____

Special Message To Baby

_____

_____

_____

_____

Guest Name & Relationship To Parents

_____

_____

Special Message To Parents

_____

_____

_____

_____

Special Message To Baby

_____

_____

_____

_____

Guest Name & Relationship To Parents

_____

_____

Special Message To Parents

_____

_____

_____

_____

Special Message To Baby

_____

_____

_____

_____

Guest Name & Relationship To Parents

_____

_____

Special Message To Parents

_____

_____

_____

_____

Special Message To Baby

_____

_____

_____

_____

Guest Name & Relationship To Parents

_____

_____

Special Message To Parents

_____

_____

_____

_____

Special Message To Baby

_____

_____

_____

_____

Guest Name & Relationship To Parents

_____

_____

Special Message To Parents

_____

_____

_____

_____

Special Message To Baby

_____

_____

_____

_____

Guest Name & Relationship To Parents

_____

_____

Special Message To Parents

_____

_____

_____

_____

Special Message To Baby

_____

_____

_____

_____

Guest Name & Relationship To Parents

_____

_____

Special Message To Parents

_____

_____

_____

_____

Special Message To Baby

_____

_____

_____

_____

Guest Name & Relationship To Parents

_____

_____

Special Message To Parents

_____

_____

_____

_____

Special Message To Baby

_____

_____

_____

_____

Guest Name & Relationship To Parents

_____

_____

Special Message To Parents

_____

_____

_____

_____

Special Message To Baby

_____

_____

_____

_____

Guest Name & Relationship To Parents

_____

_____

Special Message To Parents

_____

_____

_____

_____

Special Message To Baby

_____

_____

_____

_____

Guest Name & Relationship To Parents

_____

_____

Special Message To Parents

_____

_____

_____

_____

Special Message To Baby

_____

_____

_____

_____

Guest Name & Relationship To Parents

_____

_____

Special Message To Parents

_____

_____

_____

_____

Special Message To Baby

_____

_____

_____

_____

Guest Name & Relationship To Parents

_____

_____

Special Message To Parents

_____

_____

_____

_____

Special Message To Baby

_____

_____

_____

_____

Guest Name & Relationship To Parents

_____

_____

Special Message To Parents

_____

_____

_____

_____

Special Message To Baby

_____

_____

_____

_____

Guest Name & Relationship To Parents

_____

_____

Special Message To Parents

_____

_____

_____

_____

Special Message To Baby

_____

_____

_____

_____

Guest Name & Relationship To Parents

_____

_____

Special Message To Parents

_____

_____

_____

_____

Special Message To Baby

_____

_____

_____

_____

Guest Name & Relationship To Parents

_____

_____

Special Message To Parents

_____

_____

_____

_____

Special Message To Baby

_____

_____

_____

_____

Guest Name & Relationship To Parents

_____

_____

Special Message To Parents

_____

_____

_____

_____

Special Message To Baby

_____

_____

_____

_____

Guest Name & Relationship To Parents

_____

_____

Special Message To Parents

_____

_____

_____

_____

Special Message To Baby

_____

_____

_____

_____

Guest Name & Relationship To Parents

_____

_____

Special Message To Parents

_____

_____

_____

_____

Special Message To Baby

_____

_____

_____

_____

Guest Name & Relationship To Parents

_____

_____

Special Message To Parents

_____

_____

_____

_____

Special Message To Baby

_____

_____

_____

_____

Guest Name & Relationship To Parents

_____

_____

Special Message To Parents

_____

_____

_____

_____

Special Message To Baby

_____

_____

_____

_____

Guest Name & Relationship To Parents

_____

_____

Special Message To Parents

_____

_____

_____

_____

Special Message To Baby

_____

_____

_____

_____

Guest Name & Relationship To Parents

_____

_____

Special Message To Parents

_____

_____

_____

_____

_____

Special Message To Baby

_____

_____

_____

_____

Guest Name & Relationship To Parents

_____

_____

Special Message To Parents

_____

_____

_____

_____

Special Message To Baby

_____

_____

_____

_____

Guest Name & Relationship To Parents

_____

_____

Special Message To Parents

_____

_____

_____

_____

Special Message To Baby

_____

_____

_____

_____

Guest Name & Relationship To Parents

_____

_____

Special Message To Parents

_____

_____

_____

_____

Special Message To Baby

_____

_____

_____

_____

Guest Name & Relationship To Parents

_____

_____

Special Message To Parents

_____

_____

_____

_____

_____

Special Message To Baby

_____

_____

_____

_____

_____

Guest Name & Relationship To Parents

_____

_____

Special Message To Parents

_____

_____

_____

_____

Special Message To Baby

_____

_____

_____

_____

Guest Name & Relationship To Parents

_____

_____

Special Message To Parents

_____

_____

_____

_____

_____

Special Message To Baby

_____

_____

_____

_____

Guest Name & Relationship To Parents

_____

_____

Special Message To Parents

_____

_____

_____

_____

Special Message To Baby

_____

_____

_____

_____

Guest Name & Relationship To Parents

_____

_____

Special Message To Parents

_____

_____

_____

_____

Special Message To Baby

_____

_____

_____

_____

Guest Name & Relationship To Parents

_____

_____

Special Message To Parents

_____

_____

_____

_____

Special Message To Baby

_____

_____

_____

_____

Guest Name & Relationship To Parents

_____

_____

Special Message To Parents

_____

_____

_____

_____

Special Message To Baby

_____

_____

_____

_____

Guest Name & Relationship To Parents

_____

_____

Special Message To Parents

_____

_____

_____

_____

Special Message To Baby

_____

_____

_____

_____

Guest Name & Relationship To Parents

_____

_____

Special Message To Parents

_____

_____

_____

_____

Special Message To Baby

_____

_____

_____

_____

Guest Name & Relationship To Parents

_____

_____

Special Message To Parents

_____

_____

_____

_____

Special Message To Baby

_____

_____

_____

_____

Guest Name & Relationship To Parents

_____

_____

Special Message To Parents

_____

_____

_____

_____

Special Message To Baby

_____

_____

_____

_____

Guest Name & Relationship To Parents

_____

_____

Special Message To Parents

_____

_____

_____

_____

Special Message To Baby

_____

_____

_____

_____

Guest Name & Relationship To Parents

_____

_____

Special Message To Parents

_____

_____

_____

_____

Special Message To Baby

_____

_____

_____

_____

Guest Name & Relationship To Parents

_____

_____

Special Message To Parents

_____

_____

_____

_____

Special Message To Baby

_____

_____

_____

_____

Guest Name & Relationship To Parents

_____

_____

Special Message To Parents

_____

_____

_____

_____

_____

Special Message To Baby

_____

_____

_____

_____

Guest Name & Relationship To Parents

_____

_____

Special Message To Parents

_____

_____

_____

_____

Special Message To Baby

_____

_____

_____

_____

Guest Name & Relationship To Parents

_____

_____

Special Message To Parents

_____

_____

_____

_____

Special Message To Baby

_____

_____

_____

_____

Guest Name & Relationship To Parents

_____

_____

Special Message To Parents

_____

_____

_____

_____

Special Message To Baby

_____

_____

_____

_____

Guest Name & Relationship To Parents

_____

_____

Special Message To Parents

_____

_____

_____

_____

Special Message To Baby

_____

_____

_____

_____

Gift Log

Guest	Gift
_____	_____
_____	_____
_____	_____
_____	_____
_____	_____
_____	_____
_____	_____
_____	_____

Gift Log

Guest	Gift
_____	_____
_____	_____
_____	_____
_____	_____
_____	_____
_____	_____
_____	_____
_____	_____

Gift Log

Guest	Gift
_____	_____
_____	_____
_____	_____
_____	_____
_____	_____
_____	_____
_____	_____
_____	_____

Gift Log

Guest

Gift

_____

_____

_____

_____

_____

_____

_____

_____

_____

_____

_____

_____

_____

_____

Gift Log

Guest	Gift

Gift Log

Guest	Gift
_____	_____
_____	_____
_____	_____
_____	_____
_____	_____
_____	_____
_____	_____

Gift Log

Guest

Gift

_____ _____

_____ _____

_____ _____

_____ _____

_____ _____

_____ _____

_____ _____

_____ _____

Gift Log

Guest   **Gift**

_____   _____

_____   _____

_____   _____

_____   _____

_____   _____

_____   _____

_____   _____

_____   _____

Made in the USA
Monee, IL
26 January 2020